Lb⁴⁹ 426

DE
LA LIBERTÉ DE LA PRESSE
ET
LA CENSURE.

DE LA LIBERTÉ
DE LA PRESSE
ET
DE LA CENSURE;

TRADUIT

De Milton.

« Celui qui veut enchaîner la liberté de la
« presse a besoin d'etouffer quelque vérité
« ou de propager quelque mensonge. »

PARIS,
CHEZ TOUS LES LIBRAIRES.

1826.

Avant-propos.

Lorsque les voix les plus éloquentes se sont élevées en faveur de la liberté de la presse, lorsque les hommes les plus vertueux et les philosophes les plus éclairés ont démontré son utilité et ses bienfaits, comment se fait-il que, sous un gouvernement constitutionnel, on ose encore réclamer l'esclavage de la pensée? C'est au nom du bonheur public qu'on propose cette funeste mesure, mais ce n'est qu'un vain prétexte à l'ambition d'audacieux hypocrites qui, sous le nom sacré de religion et de morale, étalent insolemment leur orgueil et foulent aux pieds les droits de la nation. En vain des hommes avilis sous toutes les bannières vanteront leurs vertus, l'opinion publique veille pour les flétrir.

Ils ne rougissent pas de reproduire des arguments usés par leur faiblesse et leur décrépitude, des arguments déshonorés par l'emploi qu'en faisaient jadis les courtisans ou les valets d'un dominateur absolu.

« Le temps n'est plus où l'opinion

d'un seul gouvernait..... La presse est le sens universel du corps politique, comme le tact l'est du corps humain. Sa liberté est d'ailleurs une conséquence nécessaire de la faillibilité universelle : il faut ou la permettre ou soutenir que l'erreur est impossible à ceux qui gouvernent. Elle effarouche, je le sais, l'orgueil et la domination, car elle les menace et les démasque ; elle effraie et déconcerte la tyrannie par la possibilité seule de la vigilance : mais ces craintes qu'elle inspire deviennent encore un éloge pour elle, une nouvelle preuve de sa nécessité. Heureuse liberté, qui va chercher et découvrir sous le voile ou dans les ténèbres, et l'hypocrite qui se déguise et le charlatan qui se trompait lui-même par le succès de son imposture !

« L'organisation politique perfectionnée, l'infraction aux droits du peuple connue, l'intrigue surveillée et aperçue jusque dans les derniers replis de sa marche tortueuse, les complots de l'ambition découverts, l'usurpation tremblante de ses propres projets, et finissant par en être la victime : voilà les bienfaits de la liberté de penser et d'écrire ; elle féconde l'opinion publique, elle menace et suspend le crime, et, s'il est heureux, elle devient le châtiment de son succès même. Il n'est aucun pays libre qui ne la protége, aucun pays esclave qui la souffre : Rome ne la perdit que sous le décemvirat d'Appius et sous l'empire des Césars...

« La raison, comme un flambeau, s'allume dans un espace vaste et aéré ; elle meurt resserrée sous un vase étroit. Que l'impression de la pensée soit libre, et bientôt sa liberté produit celle des peuples ; et bientôt la superstition, l'ignorance, l'esclavage cessent de dégrader leurs mœurs et leur génie...

« Concevez-vous qu'un pays soit libre, quand la pensée, ou la parole qui en est l'expression, ne le sont pas, quand il y a des pensées sujettes et une pensée souveraine ? L'obéissance doit être fidèle, mais éclairée :

assurer qu'on la trahit en réclamant les droits violés du peuple, c'est révéler le secret trop facile des despotes. Dès l'instant qu'un homme ou un corps resserrent ou enchaînent cette liberté d'écrire que garantissait le pacte social, ils annoncent à la nation entière que le gouvernement va changer; ils publient indirectement un manifeste de tyrannie. »

(Discours sur la liberté de la presse, prononcé au conseil des Cinq-Cents, par le marquis de Pastoret, pair de France.)

Ce sont les principaux arguments de Milton sur la liberté de la presse qui nous offrons au public, convaincus que, dans un moment où l'on nous menace de rétablir la censure, cette importante production peut contribuer à éclairer les Français sur leurs droits et à leur faire apprécier les bienfaits d'une sage liberté. Milton publia son discours sous le titre de l'Areopagitica.

Peu de jours nous apprendront si, encore une fois, les Français vont subir l'outrage de la censure et si le ministère osera braver l'esprit public en violant l'une de nos libertés les plus précieuses.

DE LA LIBERTÉ
DE LA PRESSE
ET
DE LA CENSURE.

DISCOURS adressé au Parlement d'Angleterre, par Milton.

Je ne prétends pas, milords et messieurs, que l'Église et le gouvernement n'aient intérêt à surveiller les livres aussi bien que les hommes, afin, s'ils sont coupables, d'exercer sur eux la même justice que sur des malfaiteurs ; car un livre n'est point une chose absolument inanimée : il est doué d'une vie active comme l'ame qui le produit; il conserve même cette prérogative de l'intelligence vivante qui lui a donné le jour. Je regarde donc les livres comme des êtres aussi vivants et aussi féconds que les dents du serpent de la fable; et j'avouerai que, semés dans le monde, le hasard peut faire qu'ils y produisent des hommes armés; mais je soutiens que l'existence d'un bon livre ne doit pas plus être compromise que celle d'un bon citoyen : l'une est aussi respectable que l'autre, et l'on doit également craindre d'y attenter. Tuer un homme, c'est détruire une créature raisonnable; mais étouffer un bon livre c'est tuer la raison elle-même. Quantité d'hommes n'ont qu'une vie purement végétative, et pèsent inutilement sur la terre; mais un livre est l'essence pure et précieuse d'un esprit supérieur, c'est un sorte de préparation que le génie donne à son ame, afin qu'elle puisse lui survivre. La perte de la vie, quoique irréparable, peut quelquefois n'être pas un grand mal; mais il est possible qu'une vérité qu'on aura rejetée ne se représente plus dans la suite des temps, et que sa perte entraîne le malheur des nations.

Soyons donc circonspects dans nos persécutions contre les travaux des hommes publics. Examinons si nous avons le droit d'attenter à leur vie intellectuelle dans les livres qui en sont dépositaires; car c'est une espèce d'homicide, quelquefois un martyre, et toujours un vrai massacre, si la proscription s'étend sur la liberté de la presse en général.

Mais, afin qu'on ne m'accuse pas d'introduire une licence pernicieuse en m'opposant à la censure des livres, j'entrerai dans quelques détails historiques, pour montrer quelle fut, à cet égard, la con-

duite des gouvernements les plus célè
bres, jusqu'au moment où l'INQUISITION
imagina ce beau projet de censure qu
nos prélats et nos prêtres adoptèrent avec
tant d'avidité.

A Athènes, où l'on s'occupait de livre
plus que dans aucune autre partie de l
Grèce, je ne trouve que deux sortes d'ou
vrages qui aient fixé l'attention des magistrats : les libelles et les écrits blasphéma
toires. Ainsi, les juges de l'aréopage con
damnèrent les livres de Protagoras à êtr
brûlés, et le bannirent lui-même, parce qu"
la tête d'un de ses ouvrages, il déclarait qu'il
ne savait point *s'il y avait des dieux ou s'i
n'y en avait pas.* Quant aux libelles, il fu
arrêté qu'on ne nommerait plus personn
sur le théâtre, comme on le faisait dan
l'ancienne comédie ; ce qui nous donn
une idée de leur discipline à cet égard
Cicéron prétend que ces mesures suffi
rent pour empêcher la diffamation, et pou

imposer silence aux athées. On ne rechercha point les autres opinions ni les autres sectes, quoiqu'elles tendissent à la volupté et à la dénégation de la divine Providence; aussi ne voyons-nous point qu'on ait jamais cité devant les magistrats Épicure ni l'école licencieuse de Cyrène, ni l'impudence cynique. Nous ne lisons pas non plus qu'on ait imprimé les anciennes pièces de théâtre, quoiqu'il ait été défendu de les jouer. On voit qu'Aristophane, le plus satirique de tous les poètes comiques, faisait les délices de Platon, et qu'il en recommandait la lecture à Denys, son royal disciple; ce qui ne doit pas paraître extraordinaire, puisque saint Chrysostôme passait les nuits à lire cet auteur, et savait mettre à profit, dans ses sermons, le sel de ses sarcasmes et de sa piquante ironie.

Quant à la rivale d'Athènes, Lacédémone, le goût de l'instruction ne put

jamais s'y naturaliser : et certes on do[it]
en être surpris ; car elle eut Lycurg[ue]
pour législateur, et Lycurgue n'éta[it]
point un barbare. Il avait cultivé l[es]
belles-lettres; il fut le premier à recueill[ir]
dans l'Ionie les œuvres éparses d'Homèr[e]
et même avant l'époque où il donna d[es]
lois aux Spartiates, il eut la précautio[n]
de leur envoyer le poète Thalès, afin qu[e]
par la douceur de ses chants il amoll[ît]
la férocité de leurs mœurs et les dispos[ât]
à recevoir les bienfaits de la législation.
Cependant ils négligèrent toujours l[e]
commerce des Muses pour les jeux san[-]
glants de Mars : voilà ce que nous savon[s]
de la prohibition des livres chez les Grec[s.]

Les Romains, pendant long-temps
marchèrent sur les traces des Spartiates[:]
c'était un peuple absolument guerrier[.]
Leurs connaissances politiques et reli[-]
gieuses se réduisaient à la loi des Douz[e]
Tables et aux instructions de leurs pr[ê-]

tres, de leurs augures, de leurs flamines. Ils étaient si étranges aux autres sciences, qu'alors que Carméade, Critolaüs et Diogène le stoïcien vinrent en ambassade à Rome et voulurent profiter de cette circonstance, pour essayer d'introduire leur philosophie dans cette ville, ils furent regardés comme des suborneurs. Caton n'hésita point à les dénoncer au sénat et à demander qu'on purgeât l'Italie de ces babillards attiques. Mais Scipion et quelques autres sénateurs s'opposèrent à cette proscription. Ils s'empressèrent de rendre hommage aux philosophes athéniens, et Caton lui-même changea si bien de sentiment par la suite, qu'il se livra tout entier dans sa vieillesse à l'étude de ces connaissances qui d'abord avaient excité son indignation.

Plus tard Nœvius et Plaute, les premiers comiques romains, offrirent sur le théâtre des scènes empruntées de Ménandre et de Philémon. Ici s'ouvre le beau siècle de la littérature latine, époque à laquelle les Romains surent enfin allier la gloire des lettres à celle des armes. Étouffés par la tyrannie, ces deux moissons renaissent sous l'influence de la liberté républicaine. Lucrèce chante l'athéisme : il le réduit en système, et cherche à l'embellir des charmes de la poésie : tout le monde applaudit à ses beaux vers : il les dédie à son ami Memnius, sans que personne lui en fasse un crime : on ne persécuta ni l'auteur, ni l'ouvrage, parce qu'on sait que la liberté publique repose sur la liberté de la pensée : César respecta les Annales de Tite-Live, quoiqu'on y célébrât le parti de Pompée.

Oui, malgré les proscriptions, le luxe corrupteur et toutes les causes qui se réunirent pour miner le vaste édifice de la grandeur romaine, si Rome eût conservé l'indépendance de la pensée, elle ne serait jamais devenue l'opprobre des nations : jamais elle n'aurait subi le joug des monstres qui l'enchaînèrent et l'avilirent, si la servitude intellectuelle n'eût préparé la servitude politique. Aussi lisons-nous que, sous Auguste, les libelles furent brûlés, et leurs auteurs punis. Et cet attentat était si nouveau, que le magistrat ne s'enquérait point encore de quelle manière un livre arrivait dans le monde. On n'inquiéta pas même la muse satirique de Catule et d'Horace. Peut-être dira-t-on qu'Ovide, dans un âge avancé, exilé pour les poésies licencieuses de sa jeunesse. Mais on sait qu'une cause secrète fut le motif de son exil, et ses livres ne furent ni bannis ni supprimés.

Enfin, nous arrivons au siècle de tyrannie, où l'on ne doit pas être surpris qu'on étouffât les b   ivres plus souvent que les mauv   je? Il n'était plus permis   arler ni   crire. Le despotisme eût voulu donner des fers à sa pensée même. Tacite peint en un trait ces tems déplorables : nous eussions perdu, dit-il, la mémoire avec la voix s'il était aussi bien au pouvoir de l'homme d'oublier que de se taire(1).

Quand les empereurs eurent embrassé le christianisme, nous ne trouvons pas qu'ils aient mis de la sévérit dans leur discipline à l'egard des productions de l'esprit. Les livres de ceux que l'on regardait comme de grands hérétiques, étaient examinés, réfutes et condamnés dans un concile général. Jusque-là ils n'étaient ni proscrits ni brûlés par ordre de l'empereur. Quant aux livres des Païens, on ne trouve pas d'exemple d'un seul ou-

---

(1) Memoriam quoque ipsam cum voce perdidissemus, si tam in nostra potestate esset oblivisci quam tacere.

vrage qui ait été prohibé jusque vers l'an 400, au concile de Carthage.

Le père Paolo, le grand démasqueur du concile de Trente, a déjà observé que jusqu'après de l'an 800, les premiers conciles et les évêques étaient dans l'usage de déclarer seulement les livres dont on devait éviter la lecture, laissant néanmoins à chacun la liberté de faire selon sa conscience, ainsi qu'il le jugerait à propos. Mais les papes, attirant à eux toute la liberté politique, exercèrent sur les yeux des hommes le même despotisme qu'ils avaient exercée sur leurs jugements ; ils brûlèrent et prohibèrent au gré de leur caprice : cependant ils furent d'abord économes de leurs censures, et l'on ne trouve pas beaucoup de livres auxquels ils aient fait cet honneur, jusqu'à Martin V, qui, le premier par sa bulle, non-seulement prohiba les livres des hérétiques, mais encore excomunia tous ceux qui s'avi-eraient de les lire. C'est à peu près dans ce temps que les Wicklef et les Huss se rendirent redoutables, ce qui détermina la cour papale à renforcer la dolice des prohibitions. Léon X et ses successeurs suivirent cet exemple.

Enfin le concile de Trente et l'inquisition espagnole s'accouplant ensemble, produisirent ou perfectionnèrent ces catalogues, ces *index* expurgatoires, qui souillant jusque dans les entrailles des bons auteurs anciens, les outragèrent bien plus indignement qu'aucune profanation qu'on eût pu se permettre sur leurs tombeaux. Et non-seulement cette opération se faisait sur les livres des hérétiques; mais dans quelque matière que ce fût, tout ce qui n'agréait point à ces révérences, était impitoyablement prohibé. En un mot, comme si St. Pierre, en leur confiant les clefs du paradis, leur avait aussi remis celles de l'imprimerie) pour combler la mesure des prohibitions, leur dernière invention fut d'ordonner qu'aucun livre, brochure ou papier, ne pourraient être imprimés sans l'approbation de deux ou trois frères inquisiteurs.

Telle est l'origine de la coutume d'approuver les livres. Nous ne la trouvons établie par aucun gouvernement ancien, ni pas aucun statut de nos ancêtres, elle est le fruit du concile le plus anti-chrétien et de l'inquisition la plus tyranique. Jusqu'à cette époque, les livres arrivaient librement dans le monde, comme toutes les autres productions de la nature. On ne faisait pas plus avorter l'esprit que les entrailles. Imposer à un livre une condition pire que celle d'une ame pécheresse et l'obliger, avant que d'avoir vu le jour, à paraître devant Radamante et ses collègues, pour subir son jugement dans les ténèbres, c'est une tyrannie dont on n'avait pas d'exemple, jusqu'à cette mystérieuse antiquité, qui, troublée aux approches de la réforme, imagina de nouvelles limbes et de nouveaux enfers, pour y renfermer nos livres et leur faire subir le sort des réprouvés : sage précaution qui fut admirablement prônée et imitée par nos evêques inquisiteurs, aussi bien que par les derniers supports de leur clergé !

Dira-t-on que la chose en elle-même peut être bonne ?

Mais si elle est directement contraire aux progrès des lumières, si les gouvernemens les plus sages dans aucun temps ni dans aucun pays ne l'ont mise en pratique, si elle n'a été imaginée que par des charlatans et des oppresseurs, on aura beau la mettre au creuset il n'en résultera jamais le moindre bien : la connaissance de l'arbre ne peut qu'inspirer de la méfiance pour le fruit. Cependant, voyons si la liberté illimitée de la presse ne produit pas plus de bien que de mal.

Je n'insisterai point sur les exemples de Moïse, de Daniel et de Paul, qui se montrèrent si habiles dans la connaissance des Égyptiens, des Chaldéens et des Grecs ; ce qu'ils n'auraient pas fait sans doute, s'ils n'avaient pu lire indistinctement les livres de ces différentes nations ; Paul surtout, qui ne crut pas souiller l'Écriture-Sainte en y insérant quelques passages des poètes grecs. Cependant, cette question fut agitée parmi les docteurs de la primitive Église ; mais l'avantage resta du côté de ceux qui soutenaient que la chose était à la fois utile et légitime. On en eut une preuve bien évidente, lorsque l'empereur Julien défendit aux chrétiens de lire les livres des idolâtres, parce qu'il voulait plonger ces mêmes chrétiens dans l'ignorance. La Providence, dit l'historien Socrate, fit plus que toute la sagacité d'Apollinaire et de son fils ; elle anéantit cette loi barbare en ôtant la vie à celui qui l'avait promulguée. Cette défense de s'instruire de la littérature des Grecs, parut plus outrageante et plus pernicieuse à l'église que les persécutions les plus cruelles des Décius et des Dioclétien.

Mais, laissant là l'érudition, les autorités, les exemples, et remontant à la nature des choses, je dirai : lorsque Dieu permit à l'homme d'user modérément de toutes les productions de la nature, il voulut aussi que l'esprit jouit du même privilége.

Le bien et le mal ne croissent point séparément dans le champ fécond de la vie ; ils germent l'un à côté de l'autre, et entrelacent leurs branches d'une manière inextricable. La connaissance de l'un est donc nécessairement liée à celle de l'autre. Peut-être même dans l'état où nous sommes, ne pouvons nous parvenir au bien que par la connaissance du mal ; car, comment choisira-t-on la sagesse ? Comment l'innocence pourra-t-elle se préserver des atteintes du vice, si elle n'en a pas quelqu'idée ? Et puisqu'il faut absolument observer la marche des vicieux pour se conduire sagement dans le monde ; puisqu'il faut aussi démêler l'erreur pour arriver à la vérité, est-il une méthode moins dangereuse de parvenir à ce but, que celle d'écouter et de lire toute sorte de traités et de raisonnements ? Avantage qu'on ne peut se procurer qu'en lisant indistinctement toutes sortes de livres.

Craindra-t-on qu'avec cette liberté infinie l'esprit ne soit bientôt infecté du venin et de l'erreur ?

Il faudrait, par la même considération, anéantir toutes les connaissances humaines, ne plus disputer sur aucune doctrine, sur aucun point de religion, et supprimer même les livres sacrés ; car souvent on y trouve des blasphêmes ; les plaisirs charnels y sont décrits sans beaucoup de ménagements ; les hommes les plus saints y murmurent quelquefois contre la Providence, à la manière d'Épicure ; il s'y rencontre une foule de passages ambigus et susceptibles d'être mal interprétés par des lecteurs vulgaires. Personne n'ignore que c'est à cause de toutes ces raisons que les papistes ont mis la Bible au premier rang des livres prohibés.

Nous serions également obligés de défendre la lecture des anciens pères de l'église, tels que Clément d'Alexandrie et Eusèbe, qui, dans son livre, nous transmet une foule d'obscénités païennes, pour nous préparer à recevoir l'Évangile. Qui ne sait point qu'Irénée, Epiphane, Jérome, etc. dévoilent encore plus d'hérésies qu'ils n'en réfutent ; que souvent ils confondent l'hérésie avec l'opinion orthodoxe ? Et qu'on ne dise pas qu'il faut faire grace aux auteurs de l'antiquité ; parce qu'ils ont écrit dans un langage qu'on ne parle plus ; puisqu'ils sont journellement lus et médités par des gens qui peuvent en répandre le venin dans les sociétés, et même à la cour des princes dont ils sont les délices ; des gens peut-être, tels que Petrone, que Néron appelait *son arbitre*, et qui avait l'intendance des plaisirs nocturnes de cet empereur, ou tel que l'Arétin, ce fameux impudique qu'on redoutait, et qui cependant était cher à tous les courtisans de l'Italie ; je ne nommerai point, par respect pour sa postérité, celui que Henri VIII appelait, en plaisantant, son *vicaire de l'enfer* (Cromwel).

Si donc il est démontré que les livres qui paraissent influer le plus sur nos mœurs et sur nos opinions, ne peuvent être supprimés sans entraîner la chute des connaissances humaines, et que lors même qu'on parviendrait à les soustraire tous, les mœurs ne laisseraient pas de se corrompre par une infinité d'autres voies qu'il est impossible de fermer ; enfin si, malgré les livres, il faut encore l'enseignement pour propager les mauvaises doctrines, ce qui pourrait avoir tout aussi bien lieu, quoiqu'ils fussent prohibés, on sera forcé de conclure qu'envisagé sous ce point de vue, le système insidieux des approbations est du moins parfaitement inutile, et ceux qui le mettent en pratique, dans un sincère espoir d'élever une barrière contre le mal, pourraient être comparés à ce bonhomme qui croyait retenir des corneilles en fermant la porte de son parc.

D'ailleurs, comment confier ces livres, dont les hommes instruits tirent eux-mêmes quelquefois le vice et l'erreur, pour les répandre ensuite chez les autres? Comment confier ces livres à des censeurs, à moins qu'on ne leur confère, ou qu'ils ne puissent se donner à eux-mêmes le privilége de l'incorruption et de l'infaillibilité (1)? Encore, s'il est vrai que semblable au bon chimiste, l'homme sage peut extraire de l'or d'un volume rempli d'ordures, tandis que le meilleur livre n'avise point un fou, quelle est donc la raison qui ferait priver l'homme sage des avantages de sa sagesse, sans qu'il en résulte le moindre bien pour les fous, puisqu'avec des livres ou sans livres ils n'en extravagueront pas moins?

Mais pourquoi nous exposer aux tentations sans necessité? Pourquoi consacrer notre temps à des choses vaines et inutiles?

---

(1) Un censeur qui s'avise de faire la moindre brochure est obligé de la faire approuver par un de ses confrères; mais si le gouvernement se méfie d'un censeur au point de ne pas lui permettre de publier ses propres ouvrages sans approbation, comment peut-il lui confier le droit d'approuver ou de désapprouver ceux des autres?

Futiles objections! les livres ne sont pas des objects inutiles ni tentateurs pour tous les hommes. Quant aux enfants et aux hommes enfants qui ne savent pas les mettre à profit, on peut leur recommander de s'en abstenir, mais jamais les y forcer, quelque moyen que puisse imaginer la sainte inquisition; et si l'on prrvient à démontrer cette assertion, il faudra convenir que le projet de censurer les livres ne saurait remplir son but.

On a déjà vu qu'aucune nation policée n'avait fait usage de cette méthode, et que c'était une invention de la politique moderne. Si les anciens ne l'ont pas imaginée, ce n'est pas sans doute qu'elle fut bien difficile à découvrir (rien n'est plus aisé que de défendre) (1), mais parce

---

(1) Les peines et les prohibitions sont à la portée des esprits les plus bornés; on peut les re-

qu'ils ne l'ont point approuvée. Platon semble bannir les livres de sa république; mais Platon lui-même, ni les magistrats d'aucun pays, ne s'avisèrent jamais de faire observer les lois qu'il a tracées pour sa république imaginaire.

Si nous voulons subordonner la presse à des réglements avantageux pour les mœurs, il faudra soumettre à la même inspection les plaisirs et les divertissements; il faudra des censeurs pour le chant, qui ne permettront que des sons graves et doriques; car la musique est encore une source de corruption. Il en faudra pour la danse, afin qu'on enseigne

---

garder comme le *pont aux ânes* des politiques. Ils les considèrent comme une manière expéditive de remédier à tout. Cependant une longue expérience devrait bien leur avoir appris qu'elles ne remédient à rien.

aucun geste indécent à notre jeunesse, chose à laquelle Platon n'a pas manqué de faire attention. Vingt censeurs auront assez d'occupation dans chaque maison pour empêcher les guitarres, les violons et les clavecnis; il ne faudra pas qu'ils permettent qu'on jase comme on fait aujourd'hui, mais qu'ils règlent tous les discours qu'on devra tenir. Et comment empêcher la contrebande des soupirs, des déclarations et des madrigaux qui s'échapperont à voix basse dans les appartements? Ne seront-ce pas autant de *marrons* (1) qui circuleront sous les yeux

---

(1) On sait que ce mot *marrons* est le terme d'argot en librairie, pour exprimer un livre défendu ou publié en contravention aux réglemens : les livres et leurs auteurs sont les *nègres* des censeurs. Ces sobriquets populaires sont en général des indices assez sûrs de la situation d'un peuple.

même du censeur ? Ne faudra t-il pas également surveiller les fenêtres et les balcons ? Ne sont-ils pas garnis de livres dont ls dangereux frontispices appellent l'acheteur ? Où trouver assez de censeurs pour empêcher ce commerce ?

Cette inquisition ne doit pas se borner à la ville ; il faudra départir des commissaires dans les campagnes, pour inspecter les livres des magistrats et des ménétriers ; car ils sont les philosophes et les romanciers du village. Et puis, quelle plus grande source de corruption que notre gloutonnerie domestique ? Où trouver assez de censeurs pour regler nos tables et pour empêcher que la multitude ne s'enivre dans les tavernes ? On ne doit pas non plus laisser à chacun la liberté de s'habiller comme il lui plait, la décence veut qu'il y ait des censeurs qui président à la coupe des habits. Enfin, qui pourra prohiber les visites oisives et les mauvaises sociétés ?

Tous ces inconvéniens existent, et ils doivent exister. Un sage gouvernement ne cherche pas à les détruire, il n'en a ni le droit, ni le pouvoir; mais à combiner leur action avec le bien général de la société. Pour améliorer notre condition, il ne s'agit point de réaliser les systèmes impraticables de l'Atlantide et de l'Utopie; mais de régler sagement le monde dans lequel l'Être suprême nous a placés, sans oublier que le entre dans ses parties constitutives. Ce mal n'est point en ôtant la liberté de la presse que l'on pourra se flatter de parvenir à cette fin, puisque les moindres objets exigeraient la même censure, et qu'ainsi, par cette méthode, nous ne ferions que nous donner des entraves ridicules et inutiles. C'est par les lois non écrites, ou du moins non forcées, d'une bonne éducation que Platon regarde comme le lien des corps politiques, et la base fondamentale des lois positives; c'est sur cette base, dis-je, qu'il faut élever l'édifice, des mœurs, et non sur l'appui décisoire d'une censure qu'il est si facile d'éluder, et dont les inconvéniens ne sont jamais compensés par le moindre avantage.

La négligence et l'impunité ne peuvent qu'être funestes à tous les gouvernemens : le grand art consiste à savoir les choses que l'on doit prohiber, celles qu'on doit punir, et celles où il ne faut employer que la persuasion. Si toutes les actions, bonnes ou mauvaises, qui appartiennent à l'âge mûr, pouvaient être taillées, prescrites et contraintes, la vertu ne serait plus qu'un nom. Comment pourrait-on louer un homme de sa bonne conduite, de la probité, de sa justice ou de sa tempérance? Qu'ils sont fous, ceux qui osent blâmer la divine Providence, d'avoir souffert que le premier homme tombât dans le crime! Lorsque Dieu lui donna la raison, il lui donna la liberté de choisir, car c'est cette faculté qui constitue la raison: autrement, l'homme n'eût été qu'une machine. Nous-mêmes, nous n'estimons l'amour, les bienfaits, la reconnaissance, qu'autant qu'ils sont volontaires. Dieu donc créa le premier homme libre, c'était le moyen de rendre son abstinence méritoire : et pourquoi l'Être suprême a-t-il mis le siége des passions en nous, et la foule des plaisirs autour de nous, si ce n'est afin que, modérés par nous, ils devinssent l'assaisonnement de la vertu ?

Ils sont donc bien peu versés dans la connaissance des choses humaines, ceux qui s'imaginent qu'écarter les objets, c'est écarter le mal ; car, outre qu'ils se reproduisent toujours, quand on viendrait à bout d'en dérober passagèrement une partie à quelques personnes, cette précaution ne pourra jamais l'étendre à l'uuiversalité, surtout dans une chose aussi générale que les livres; et quand on y parviendrait, le mal n'en existerait pas moins. Vous pouvez enlever son or à un avare; mais il lui reste toujours un bijou dont il n'est pas en votre pouvoir de le priver, c'est-à-dire son avarice. Bannissez tous les objets de convoitise, enfermez la jeunesse sous des verrous; par cette méthode, vous ne rendrez chastes que ceux qui l'étaient avant d'être soumis à votre discipline, tant il faut de soin et de sagesse pour bien diriger les hommes.

Supposons que, par ces moyens, vous puissiez écarter le mal, autant vous écartez de maux, autant vous éloignez de vertus; car le fonds en est le même; ils ont une source commune, leur existence est proprement relative, et se rapporte à des combinaisons étrangères au principe qui les produit. Nous naviguons diversement sur le vaste océan de la vie : la raison en est la boussole, mais la passion en est le vent. Ce n'est pas dans le calme seul que l'on trouve la divinité; Dieu marche sur les flots et monte sur les vents : les passions, ainsi que les éléments, quoique nées pour combattre, cependant mêlées et adoucies, s'unissent dans l'ouvrage de Dieu; il n'a point renversé les passions, il n'a fait que les modérer, et il les a employées. Que les gouvernements soient dociles à la nature et à Dieu : il nous recommande la tempérance, la justice, la continence, et cependant il verse autour de nous les biens avec profusion, et il nous donne des désirs illimités. Pourquoi les législateurs des humains suivraient-ils une marche contraire lorsqu'il s'agit de l'instruction humaine, puisque les livres permis indistinctement peuvent à la fois épurer les vertus et contribuer à la découverte de la vérité ? Peut-être vaudrait-il mieux apprendre que la loi qui prohibe est essentiellement vaine, incertaine, et qu'elle repose sur le bien comme sur le mal. Si j'avais à choisir, la moindre somme de bien me paraîtrait préférable à la suite forcée de la plus grande quantité de mal; car le libre développement d'un être vértueux est sans doute plus agréable à l'Etre suprême que la contrainte de dix êtres ~~précieux~~. VICIEUX

Puisque tout ce que nous voyons, ou que nous entendons, soit assis, soit dans les promenades, soit dans les conversations ou dans les voyages, peut s'appeler proprement notre livre, et produit sur nous le même effet que les écrits; il est évident que, si l'on ne peut supprimer que les livres, cette prohibition ne parviendra jamais aux fins qu'elle se propose; si l'on n'envisage que l'intérêt des mœurs, qu'on jette les yeux sur l'Italie et sur l'Espagne, ces nations se sont-elle améliorées depuis que l'inquisition a pris à tâche d'y proscrire les livres ?

Et si vous voulez une preuve irrévocable de l'impossibilité que cette institution puisse jamais remplir son but, considérez les qualités qu'exige la place de censeur. Celui qui s'établit juge de la naissance ou de la mort d'un livre, qui peut à son gré le faire entrer dans le monde ou le replonger dans le néant, doit sans doute l'emporter infiniment sur les autres hommes, par ses lumières ou son équité; autrement il ferait des injustices ou des méprises, ce qui ne serait pas un moindre mal. S'il a le mérite nécessaire pour de si importantes fonctions, c'est lui imposer une tâche ennuyeuse et fatigante, c'est vouloir qu'il se consume à lire perpétuellement le premier manuscrit qui se présentera. En vérité, pour peu qu'un homme apprécie son temps et ses études, il ne saurait se charger d'une pareille tâche ; mais si l'on ne peut espérer que les hommes de mérite se l'imposent, qui ne prévoit en quelles mains peut tomber la dignité de censeur ?

Voyons cependant si sous quelque autre rapport il peut résulter du bien de la censure. C'est d'abord un affront et un grand découragement pour les lettres et pour ceux qui les cultivent. Sur le moindre bruit d'une motion pour empêcher la pluralité des bénéfices, et distribuer plus équitablement les revenus de l'église, les prélats se sont récriés que ce serait décourager et éteindre toute espèce d'érudition. Mais je n'ai jamais trouvé de raison de croire que l'existence des connaissances humaines tînt à l'existence du clergé ; et j'ai toujours regardé ce propos sordide comme indigne de tout homme d'église auquel on laissait l'absolu nécessaire. Si donc vous êtes destinés, milords et Messieurs, à décourager entièrement, non la troupe mercenaire des faux savants mais ceux que leur vocation appelle à cultiver les lettres, sans autre motif que de servir Dieu et la vérité, peut-être aussi dans l'attente de cette renommée future et des éloges de la postérité, que le ciel et les hommes assignent pour récompense à ceux dont les ouvrages contribuent au bonheur de l'humanité ; s'il faut, dis-je, que vous les découragiez absolument, sachez que vous ne pouvez pas leur faire un plus grand outrage que celui de vous méfier de leur jugement et de leur honnêteté, au point de les soumettre à un tuteur sous lequel ils ne puissent jamais donner l'essor à leurs pensées.

Et quelle différence y a-t-il entre l'homme de lettres et l'enfant qu'on envoie à l'école, si, délivré de la férule, il faut qu'il tombe sous la touche du censeur ? si, semblables aux thèmes d'un écolier, des ouvrages travaillés avec soin, ne peuvent voir le jour sans la révision prompte ou tardive d'un approbateur ? Celui qui, dans sa patrie, se voit privé de la liberté de ses actions, n'a-t-il pas lieu de croire qu'on l'y regarde comme un étranger ou comme un fou ?

Un homme qui écrit appelle toute sa raison à son secours. Après avoir pris tous les renseignements possibles sur le sujet qu'il traite, il ne se contente pas de ses recherches et de ses méditations ; il consulte encore des amis. Si toutes ces précautions dans l'acte le moins équivoque de la maturité de son esprit, si les années entières qu'il y emploie et les preuves antérieures de son habileté, ne peuvent jamais rassurer sur son compte, à moins que le fruit de ses veilles ne passe sous les yeux d'un censeur, quelquefois plus jeune, moins judicieux, et peut-être ignorant absolument ce que c'est que d'écrire, en un mot, si l'auteur échappant à la proscription, ne peut, après plusieurs délais, se présenter à l'impression que comme un mineur accompagné de celui qui le tient sous sa tutelle ; s'il faut enfin, que la signature du censeur lui serve de caution et garantisse au public qu'il n'est ni corrupteur, ni imbécile, c'est avilir, c'est dégrader à la fois l'auteur et le livre, et flétrir en quelque sorte la dignité des lettres.

Comment un écrivain qui craint de voir mutiler ses meilleures pensées, et d'être forcé de publier un ouvrage imparfait, ce qui sans doute est la plus cruelle vexation, comment cet écrivain osera-t-il donner l'essor à son génie ? Où trouvera-t-il cette noble assurance qui convient à celui qui enseigne des vérités nouvelles, et sans laquelle vaudrait autant qu'il se tût; s'il sait que toutes ses phrases seront soumises à l'inspection et à la correction d'un censeur qui peut, au gré de son caprice, effacer ou altérer ce qui ne s'accordera point avec son humeur réprimante qu'il appelle son jugement? S'il sait qu'à la vue de la pédantesque approbation, le lecteur malin jettera le volume, en se moquant du docteur qu'on mène par les lisières?

Qu'on examine les livres munis d'approbation, on verra qu'ils ne contiennent que les idées les plus communes, et par cela même souvent les plus fausses. En effet, d'après sa mission, le censeur ne peut laisser circuler que les vérités les plus triviales, pour lesquelles ce n'était pas la peine d'écrire, ou les erreurs favorisées. Par un abus encore plus déplorable, quand il s'agit d'imprimer ou de réimprimer les œuvres d'un écrivain mort depuis long-temps, et dont la réputation est consacrée, s'y trouve-t-il une pensée feconde, échappée au zèle de l'enthousiasme ? il faudra qu'elle périsse sous le scapel de la censure. Ainsi, par la timidité, la présomption ou l'incapacité d'un censeur, l'opinion d'un grand homme sera perdue pour la postérité.…. Si ceux qui en ont le pouvoir ne s'empressent pas de remédier à cet abus, s'ils permettent qu'on traite aussi indignement les productions orphelines des grands hommes, quelle sera donc la condition de ces êtres privilégiés, qui auront le malheur d'avoir du génie ? ne faudra-t-il pas qu'ils cessent d'instruire ou qu'ils apportent le plus grand soin à cacher leurs connaissances, puisque l'ignorance, la paresse, la sottise, deviendront les qualités les plus désirables et les seules qui pourront assurer le bonheur et la tranquillité de la vie ?

Et comme c'est un mépris particulier

pour chaque auteur vivant, et une indignité plus outrageante encore pour les morts, n'est-ce pas aussi dégrader et avilir toute la nation? Il m'est impossible de comprendre par quelle adresse on pourrait renfermer dans vingt têtes, quelque bonnes qu'on les suppose, le jugement de savoir, l'esprit et l'érudition de tout un peuple. Encore moins concevrai-je la nécessité qu'elles en aient la surintendance, que toutes les idées passent à leur couloir, et que cette monnaie ne puisse avoir de cours si elle n'est pas frappée à leur coin. L'intelligence et la vérité ne sont pas des denrées propres au monopole, ni dont on doive soumettre le commerce à des réglements particuliers. Eh quoi! prétend-on les emmagasiner et les marquer comme nos draps et nos laines! Quelle honteuse servitude, s'il faut que vingt censeurs taillent toutes les plumes dont nous voudrons nous servir!

Si l'on voulait punir un auteur qui contre sa raison et sa conscience, se serait permis des ouvrages scandaleux et attentatoires à l'honnêteté publique, quelle plus grande fletrisure pourrait-on lui infliger, que d'ordonner qu'à l'avenir toutes ses autres productions seraient révisées et ne paraîtraient qu'avec l'attache d'un censeur ! et c'est toute une nation ! c'est l'universalité des gans de lettres qu'on réduit à cette condition humuliante ! on laisse des débiteurs, des coupables même aller sur leur parole ; et un livre inoffensif ne pourra se présenter dans le monde sans qu'on voie son geolier sur le frontispice ? N'est-ce donc pas là un affront pour le peuple ? n'est-ce pas supposer toute la classe des lecteurs dans un état d'ineptie ou de perversité qui demande qu'on dirige leurs lectures ? croit-on que si l'on n'avait pas cette charité pour eux, ils n'auraient jamais l'esprit de prendre la bonne nourriture et laisser le poison ?

En un mot, on ne peut pas regarder la censure des livres comme une méthode dictée par la sagesse ; car, si c'était un moyen sage, il faudrait l'appliquer à tout; il n'y aurait pas de raison pour qu'on s'en servît pour les livres, plutôt que pour toute autre chose ; c'est là sans doute une invincible démonstration que ce moyen n'est bon à rien.

Et de peur, Messieurs, qu'on ne vous dise que ce découragement des gens de lettres sous la férule des censeurs, n'est qu'une crainte chimérique, souffrez que je vous rapporte ce que j'ai vu et ce que j'ai entendu dans les pays où règne cette espèce de tyrannie. Lorsque je me suis trouvé avec des gens de lettres de ces nations, car j'ai eu quelquefois cet honneur, ils n'ont cessé de me féliciter d'être né dans un pays qu'ils supposaient libre, tandis qu'eux mêmes ils ne faisaient autre chose que déplorer la servile condition à laquelle les gens instruits se trouvaient réduits parmi eux. Ils prétendaient qu'ainsi s'était perdue la gloire des lettres en Italie, et que depuis plusieurs années on n'y écrivait plus que de plates adulations, de coupables mensonges, ou d'insipides niaiseries. C'est là que j'ai visité le célèbre Galilée, blanchi dans les fers de l'inquisition, pour avoir eu sur l'astronomie des idées différentes de celles des approbateurs franciscains et dominicains. Quoique je susse fort bien que l'Angleterre gémissait sous le joug de la prélature, je recevais néanmoins comme un gage de son bonheur à venir, la certitude actuelle de sa liberté que je trouvais si bien établie entre toutes les nations. J'ignorais cependant que ma patrie renfermait alors dans son sein les dignes auteurs de sa délivrance, qui ne sera jamais ou bliée, quelque révolution que le monde doive subir. Mais, lorsque j'entendais les gens de lettres des autres contrées gémir sur l'inquisition qui les aservissait ; je ne croyais pas qu'un projet de censure dût forcer ceux de mon pays à former de pareilles plaintes contre le parlement. Elles étaient générales, quand je me suis permis de m'y joindre ; ce n'est point ma cause particuliére dont j'ai entrepris la défense ; c'est la cause commune de tous ceux qui cultivent les lettres, et consacrent leurs veilles à éclairer les hommes.

Que ferez vous donc, messieurs ? Supprimerez-vous cette brillante moisson qui, de jour en jour, nous promet une récolte si heureuse ? la soumettrez-vous à l'oligarchie de vingt monopoleurs, pour qu'ils ramènent les temps de disette et affament entièrement nos esprits ? Croyez que ceux qui donnent un semblable conseil ne sont pas moins ennemis de l'état que s'ils conseillaient de vous supprimer vous-mêmes.

En effet, si l'on cherche la cause immédiate de la liberté de penser et d'écrire, on ne la trouvera que dans la liberté douce et humaine de votre gouvernement. Cette liberté que nous devons à votre valeur et à votre sagesse, fut toujours la mère du génie. C'est elle qui, pareille à l'influence des cieux, est venue tout-à-coup élever et vivifier nos esprits. Vous ne pouvez maintenant nous rendre moins éclairés, moins avides de la vérité, à moins que vous ne commenciez par le devenir vous mêmes, a moins que vous ne détruisiez votre ouvrage, en renversant de vos propres mains l'édifice de la liberté.

Nous pouvons encore rentrer dans l'ignorance, dans l'abrutissement, dans la servitude; mais auparavant, ce qui n'est pas possible, il faut que vous deveniez oppresseurs, despotes, tyrans, comme l'étaient ceux dont vous nous avez affranchis; et si nous sommes plus intelligents, si nos pensées ont pris un nouvel essor; enfin, si nous sommes devenus capables de grandes choses, n'est-ce pas une suite de vos propres vertus qui se sont identifiées en nous ? Pouvez-vous les y étouffer sans renouveler et renforcer cette loi barbare, qui donnait aux pères le droit d'égorger leurs enfants ? Et qui pourra se charger alors de conduire un troupeau d'aveugles ? Otez-moi toutes les autres libertés ; mais laissez-moi celle de parler et d'écrire selon ma conscience.

Et quel temps fut jamais plus favorable à la liberté de la presse ? Le temple de Janus est fermé, c'est-à-dire on ne se bat plus pour des mots : ce serait faire injure à la vérité que de croire qu'elle pût être arrachée par le vent des doctrines contraires. Qu'elles en viennent aux mains, et vous verrez de quel côté restera la victoire. La vérité eut-elle jamais le dessous, quand elle fut attaquée à découvert, et qu'on lui laissa la liberté de se défendre? réfuter librement l'erreur est le plus sûr moyen de la détruire. Quelle contradiction ne serait-ce pas, si, tandis que l'homme sage nous exhorterait à fouiller évidemment partout pour découvrir le trésor caché de la vérité, le gouvernement venait arrêter nos recherches et soumettre nos connaissances à des lois prohibitives?

Lorsqu'un homme a creusé la profonde mine des connaissances humaines, lorsqu'il en a extrait les découvertes qu'il veut mettre au grand jour, il arme ses raisonnements pour leur défense, il éclaircit et discute les objections; ensuite, il appelle son adversaire dans la plaine, et lui offre l'avantage du lieu, du vent et du soleil; car se cacher, tendre des embûches, s'établir sur le pont étroit de la censure, où l'agresseur soit nécessairement obligé de passer, quoique toutes ces précautions puissent s'accorder avec la valeur militaire, c'est toujours un signe de faiblesse et de couardise dans la guerre de la vérité. Qui peut douter de sa force éternelle et invincible? qu'a-t-elle besoin pour triompher de police et de prohibition? Ne sont-ce pas là les armes favorites de l'erreur? Accordez à la vérité un plus libre développement sous quelque forme qu'elle se présente; et ne vous avisez pas de l'enchaîner tandis qu'elle dort, car elle cesserait de parler son langage. Le vieux Protée ne rendait des oracles que lorsqu'il était garrotté; mais la vérité dans cet état prend toutes sortes de figures, excepté la sienne, peut-être même conforme-t-elle sa voix aux temps et aux circonstances, jusqu'à ce qu'on la somme de redevenir elle-même.

Eh! si nous n'avions que la charité pour guide, de combien de choses ne nous reposerions-nous pas sur la conscience des autres?

La moindre division dans les corps nous trouble et nous alarme, et nous ne prenons aucun soin de rassembler les membres épars de la vérité, qui forment cependant la matière de toutes les scissions, la plus funeste de toutes les ruptures. Est-il quelque chose qui d'abord ressemble plus à l'erreur qu'une vérité qui lutte contre des préjugés que le temps a consacrés. On peut donc assurer que la censure empêchera moins d'erreurs qu'elle ne proscrira de vérités. Pourquoi nous parler continuellement du danger des nouvelles opinions, puisque l'opinion la plus dangereuse est celle des personnes qui veulent qu'on ne pense et qu'on ne parle que par leur ordre ou par leur permission? D'ailleurs, il ne faut pas croire que les erreurs et les fausses doctrines ne soient point nécessaires à l'économie morale du monde. Si tout-à-coup la vérité se présentait à nous dans tout son éclat, elle accablerait notre faiblesse, et nos yeux ne pourraient en soutenir le spectacle. L'erreur est le nuage qui s'interpose entre elle et nous, et qui, ne se dissipant que par degrés, ous prépare à recevoir le jour de la vérité.

Enfin, les erreurs sont presque aussi communes dans les bons gouvernements que dans les mauvais ; car quel est le magistrat dont la religion ne puisse être surprise, surtout si l'on met des entraves à la à la liberté de la presse ? Mais redresser promptement et volontairement les erreurs dans lesquelles on est tombé, et préférer au triste plaisir d'enchaîner les hommes celui de les éclairer : c'est une vertu qui répond à la grandeur de vos actions, et à laquelle seule peuvent prétendre les mortels les plus dignes et les plus sages.

FIN.

www.ingramcontent.com/pod-product-compliance
Lightning Source LLC
LaVergne TN
LVHW022143080426
835511LV00007B/1230